Impressum
Verlag: BABADADA GmbH, Nedderfeld 112 , 22529 Hamburg
Geschäftsführer / Verlagsleitung: Harald Hof
Druck: Books on Demand GmbH, In de Tarpen 42, 22848 Norderstedt

Imprint
Publisher: BABADADA GmbH, Nedderfeld 112 , 22529 Hamburg, Germany
Managing Director / Publishing direction: Harald Hof
Print: Books on Demand GmbH, In de Tarpen 42, 22848 Norderstedt, Germany

Szkoła

ښوونځی

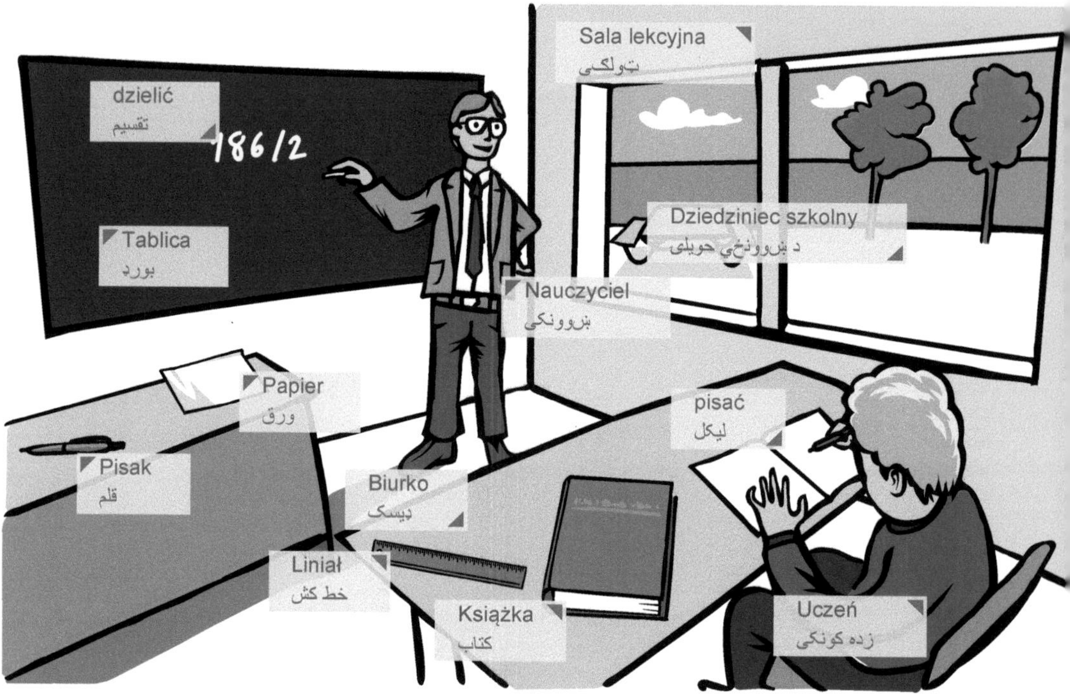

Sala lekcyjna
ټولګی
dzielić
تقسیم
186/2
Tablica
بورډ
Dziedziniec szkolny
د ښوونځي حویلی
Nauczyciel
ښوونکی
Papier
ورق
pisać
لیکل
Pisak
قلم
Biurko
ډیسک
Liniał
خط کش
Książka
کتاب
Uczeń
زده کونکی

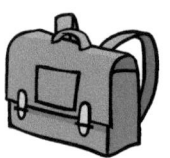

Plecak szkolny

کڅوړه

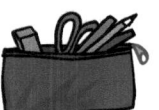

Piórnik

د پنسل بکسه

Ołówek

پنسل

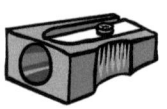

Temperówka

پنسل تراش

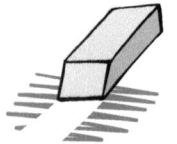

Gumka do mazania

ربړ

Blok rysunkowy

د رسامی پاڼه

Rysunek

رسامي

Pędzel

د نقاشی برس

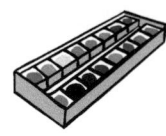

Pudełko z akwarelami

د نقاشی بکس

Nożyce

قیچی

Klej

سریښ

Książka do ćwiczenia

د تمرین کتاب

Zadanie domowe

کورنی دنده

Liczba

شمیر

dodawać

جمع

odejmować

منفي

mnożyć

ضرب

liczyć

حساب

Litera

توری

Alfabet

الفبا

Słowo

کلمه

Tekst

متن

czytać

لوستل

Kreda

تباشیر

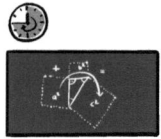

Godzina

درس

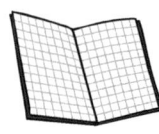

Dziennik lekcyjny

راجستر

Egzamin

ازمووینه

Świadectwo

تصدیق پانه

Mundurek szkolny

د ښوونځي یونیفارم

Wykształcenie

تعلیم

Leksykon

دایره المعارف

Uniwersytet

پوهنتون

Mikroskop

مایکروسکوپ

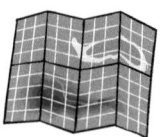

Mapa

نقشه

Kosz na odpadki

اشغالدانی

Hotel
هوټل

Schronisko
ليليه

ROOMS

Kantor wymiany walut
د اسعارو د تبادلې دفتر

EXCHANGE

Walizka
بکس

Auto
موټر

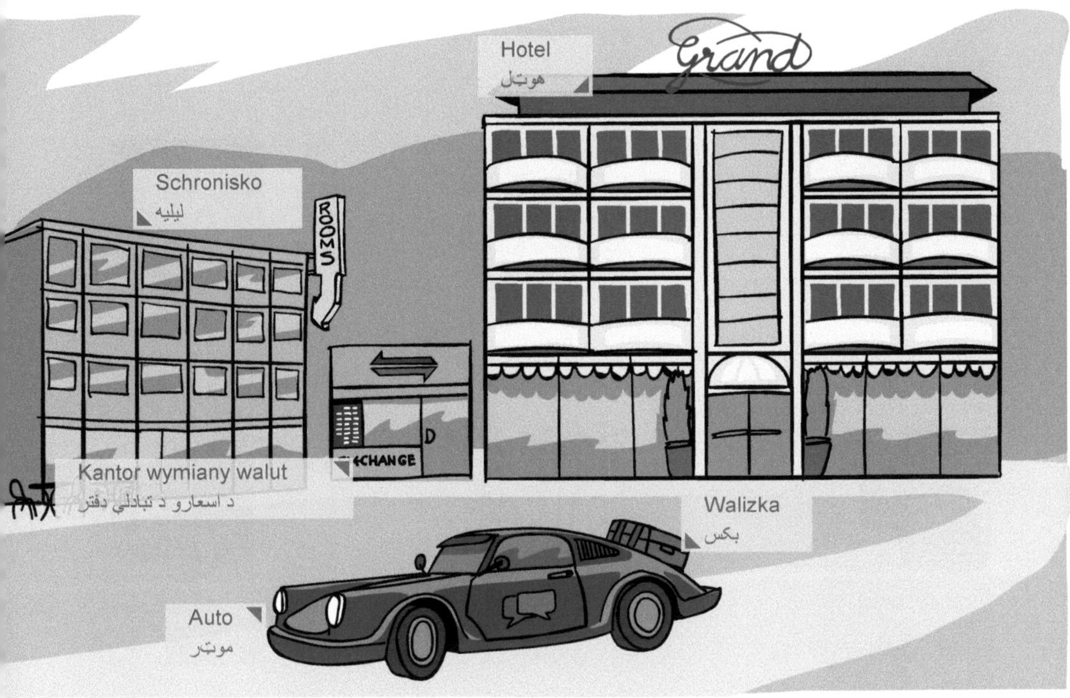

Język

ژبه

tak / nie

هو/نه

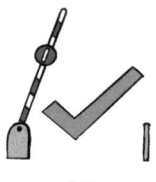

OK

سمه ده

Halo

سلام

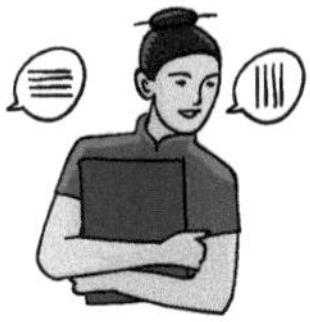

Tłumacz

ژباړونکی

Dziękuję

مننه

Ile kosztuje ...?

څومره ده ...؟

Nie rozumiem

زه نه پوهېږم

Problem

ستونزه

Dobry wieczór!

ماښام مو پخير!

Dzień dobry!

سهار په خير!

Dobranoc!

شپه په خير!

Do widzenia

په مخه مو ښه

Kierunek

لارښود

Bagaż

سامان

Torba

بيګ

Plecak

شاتنی بکس

Gość

ميلمه

Pokój

خونه

Śpiwór

د خوب کڅوړه

Namiot

خيمه

Informacja turystyczna

د توریزم معلومات

Plaża

ساحل

Karta kredytowa

کریدیت کارت

Śniadanie

ناری

Obiad

د غرمي خواړه

Kolacja

د شپي خواړه

Bilet

تيکټ

Winda

لفټ

Znaczek na list

مهر

Granica

پوله

Cło

ګمرک

Ambasada

سفارت

Wiza

ویزه

Paszport

پاسپورټ

Transport

ټرانسپورټ

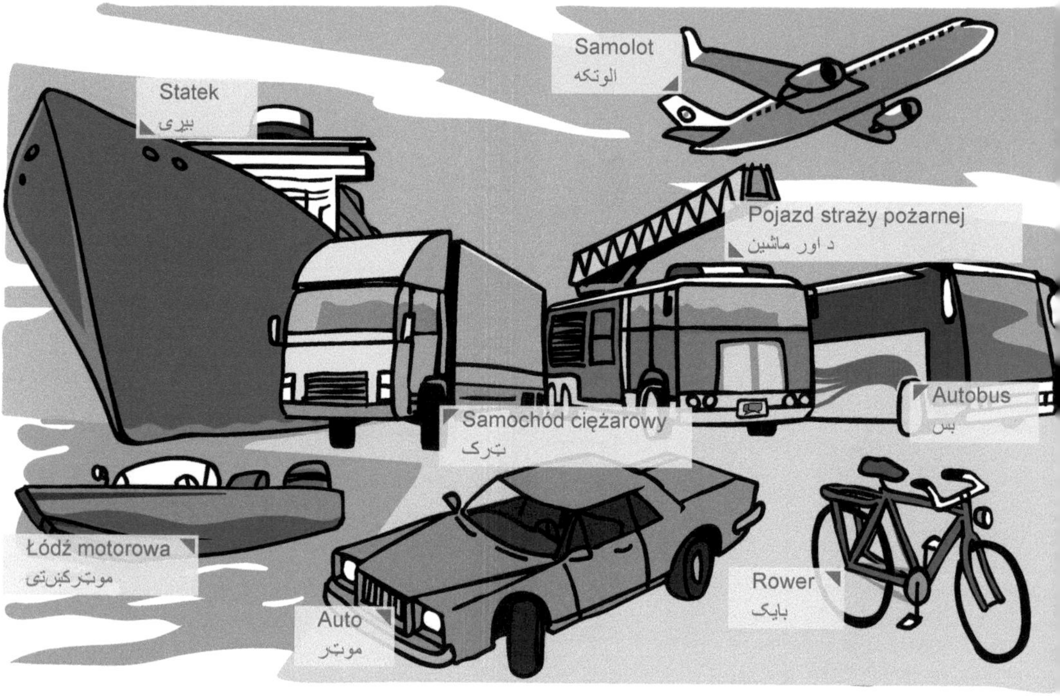

Samolot
الوتکه
Statek
بیړی
Pojazd straży pożarnej
د اور ماشین
Autobus
بس
Samochód ciężarowy
ټرک
Łódź motorowa
موټرکښتی
Rower
بایک
Auto
موټر

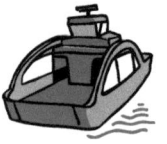

Prom

کښتی

Łódź

کښتی

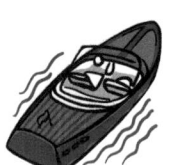

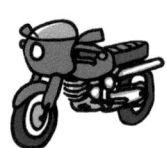

Motocykl

موټرسایکل

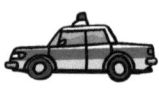

Radiowóz policyjny

د پولیسو موټر

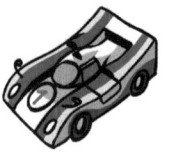

Samochód wyścigowy

د ریس موټر

Samochód wypożyczony

کرایی موټر

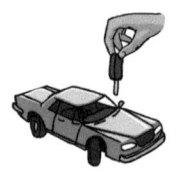

Wspólne przejazdy
samochodem
د کرايه موټری

Samochód pomocy
drogowej
جرثقيل لرونکی ټرک

Śmieciarka
ريفيوز ټرک

Silnik
موټر

Benzyna
سونگ توکي

Stacja benzynowa
پټرول سټېشن

Znak drogowy
ترافيکي نښه

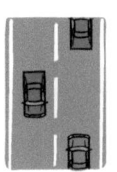

Ruch
ترافيک

Korek
جام ترافيک

Parking
د موټرو تمځای

Dworzec
د ريل سټېشن

Szyny
پاتکي

Pociąg
ريل

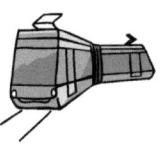

Tramwaj
ټرام

Wagon
واګون

Helikopter

چورلکه

Lotnisko

هوايي ډگر

Wieża

برج

Pasażer

مسافر

Kontener

کانتينر

Karton

کارتون

Taczka

کارت

Kosz

ټوکری

startować / lądować

الوتنه کول/کښيناستل

Miasto

ښار

Wieś

کلی

Centrum miasta

د ښار مرکز

Dom

کور

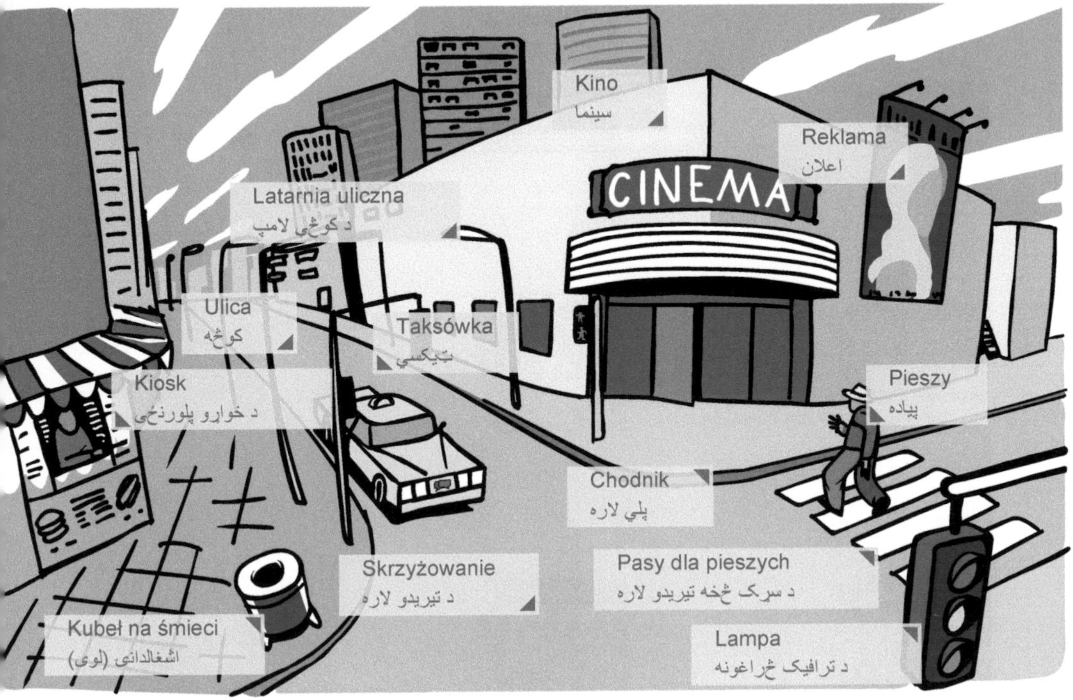

Kino
سینما

Reklama
اعلان

Latarnia uliczna
د کوڅی لامپ

CINEMA

Ulica
کوڅه

Taksówka
ټيکسي

Pieszy
پیاده

Kiosk
د خوارو پلورنځی

Chodnik
پلي لاره

Skrzyżowanie
د تيريدو لاره

Pasy dla pieszych
د سرک څخه تيريدو لاره

Kubeł na śmieci
اشغالدانئ (لوی)

Lampa
د ترافیک څراغونه

Chata

کوډله

Mieszkanie

اپارتمان

Dworzec

د ریل سټیشن

Ratusz

ښاروال هال

Muzeum

میوزیم

Szkoła

ښوونځی

Uniwersytet

پوهنتون

Bank

بانک

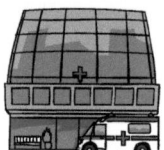

Szpital

روغتون

Hotel

هوټل

Apteka

درملتون

Biuro

دفتر

Księgarnia

کتاب پلورنځی

Sklep

پلورنځی

Kwiaciarnia

د ګلانو پلورنځی

Supermarket

لوی پلورنځی

Rynek

مارکیت

Dom towarowy

د دیپارتمنت ستور

Sklep z rybami

کب پلورنځی

Centrum handlowe

د پلور مرکز

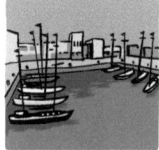

Port

لنگرتون

Park

پارک

Ławka

بینچ

Most

پل

Schody

زینه

Metro

د ځمکي لاندي

Tunel

تونل

Przystanek autobusowy

بس تمځای

Bar

بار

Restauracja

ریسټورانت

Skrzynka na listy

پوست بکس

Tabliczka z nazwą ulicy

د کوڅي نښه

Parkometr

د پارک کولو میټر

Zoo

ژوبڼ

Łaźnia

د لامبو حوض

Meczet

مسجد

Gospodarstwo chłopskie

کروندہ

Zanieczyszczenie środowiska

ناپاکي

Cmentarz

هدیره

Kościół

چرچ

Plac zabaw

د لوبو ډګر

Świątynia

معبد/کلیسا

Krajobraz

منظره

![Krajobraz scene with labels]

Liść — پانه

Drogowskaz — د لارښوونې نښه

Droga — لاره

Łąka — چمن

Kamień — کانی

Drzewo — ونه

Wędrowiec — هیکر

Rzeka — سیند

Trawa — واښه

Kwiat — ګل

Dolina

دره

Góra

غوندی

Jezioro

ناور

Las

ځنګل

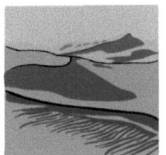

Pustynia

دشته

Wulkan

اورشیندی

Zamek

کلا

Tęcza

رنګین کمان

Grzyb

مرخیري

Palma

پلم ونه

Komar

ماشي

Mucha

الوتل

Mrówka

میږی

Pszczoła

مچی

Pająk

غوند/جولا

Chrząszcz

کونکت

Żaba

چونگښه

Wiewiórka

نولی

Jeż

زیرکی

Zając

سوی

Sowa

کونگ

Ptak

مرغی

Łabędź

قازه

Dzik

نرخوک

Jeleń

هوسی

Łoś

گاوزه

Tama

بند

Wiatrak

بادي توربين

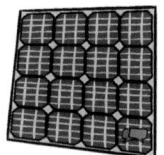

Moduł solarny

سولر تختي

Klimat

اقلیم

Restauracja

ريسټورانټ

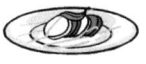

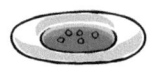

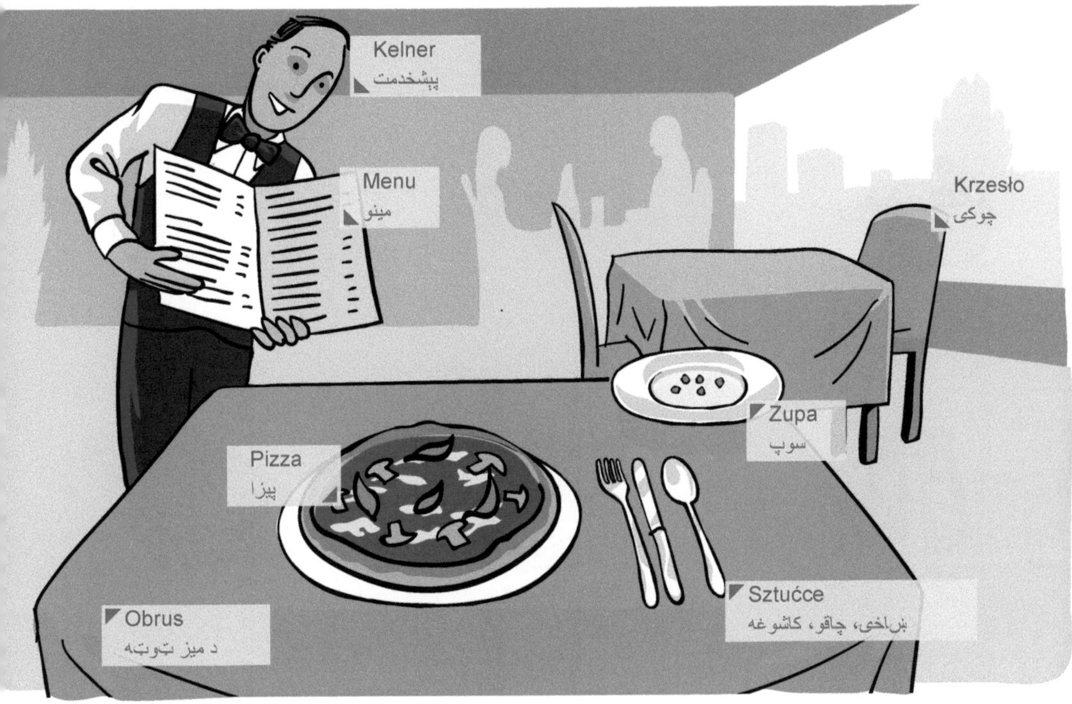

Kelner
پيشخدمت
Menu
مينو
Krzesło
چوکۍ
Zupa
سوپ
Pizza
پيزا
Sztućce
بڼراخۍ، چاقو، کاشوغه
Obrus
د ميز ټوټه

Przystawka

ستارټر

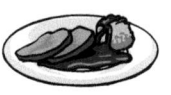

Danie główne

اصلي خواړه

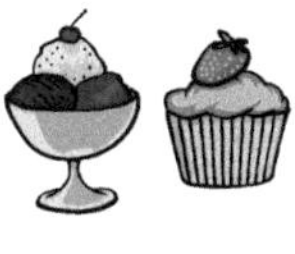

Deser

شيريني

Napoje

څښاک

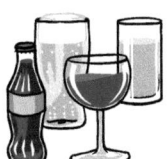

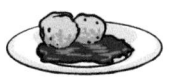

Jedzenie

خواړه

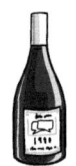

Butelka

بوتل

Fastfood

فاسټ فوډ

Streetfood

د کوڅي خواړه

Dzbanek na herbatę

چای جوش

Cukierniczka

قندانی

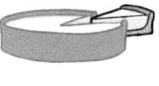

Porcja

برخه

Zaparzarka do espresso

اسپرسو مشین

Krzesło dla dziecka

لوړه چوکی

Rachunek

رسید

Taca

مجمه

Noż

چاکو

Widelec

پنجه

Łyżka

قاشق

Łyżeczka

چای قاشق

Serwetka

سوروېت

Szklanka

گلاس

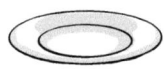

Talerz

پلیټ

Talerz do zupy

د سوپ پلیټ

Podstawek pod filiżankę

نالبکی

Sos

ساس

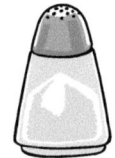

Solniczka

مالګه شیندونکی

Młynek do pieprzu

د مرچ ټټکولو لوخی

Ocet

سرکه

Olej

غوړي

Przyprawy

مساله

Keczup

کچ اپ

Musztarda

ثرشم

Majonez

چکه

Supermarket

لوی پلورنځی

Oferta
ځانګړی وړاندیز
FOR
Klient
پیرودونکی
Produkty mleczne
لبنیات
Owoce
میوه
Wózek sklepowy
لاسي څرخ

BUTCHERS

Rzeźnia

قصابي

BAKERY

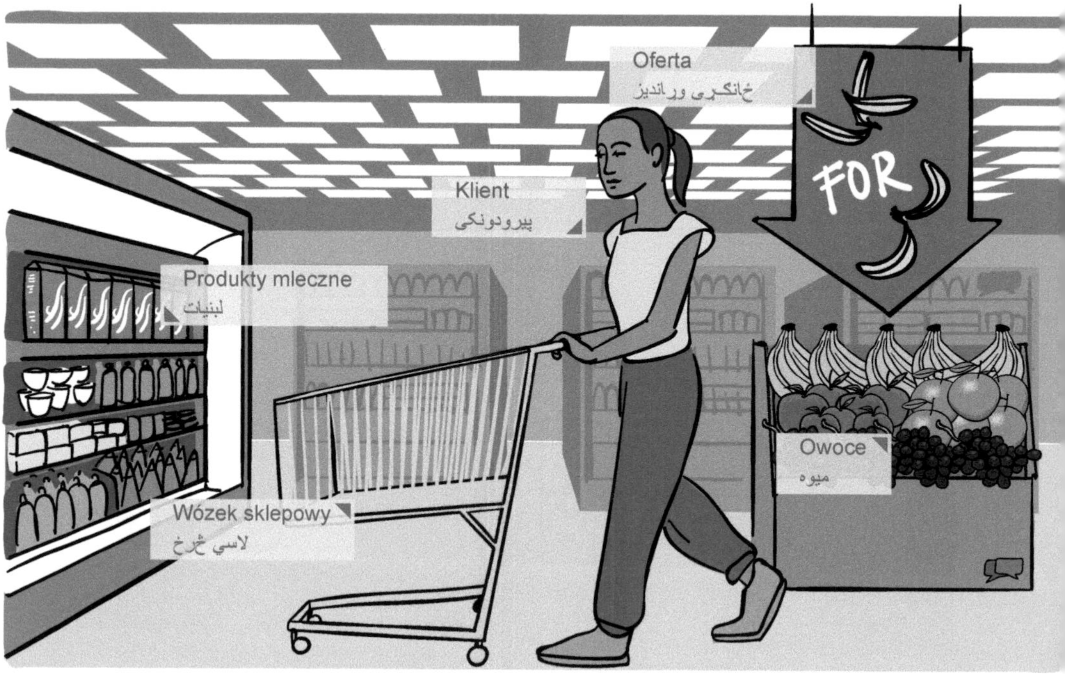

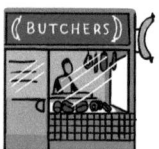

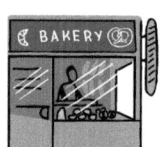

Piekarnia

نانوایی

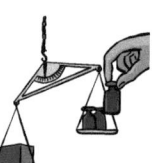

ważyć

وزن کول

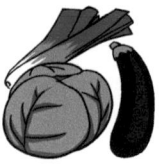

Warzywa

سبزیجات

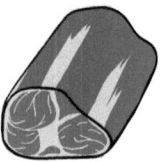

Mięso

غوښه

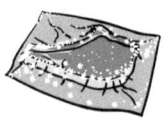

Mrożonki

کنګل خواره

Wędliny

يخه غوښه

Konserwy

كنسروا خواړه

Proszek m do prania

د مينځلو پودر

Słodycze

شيريني

Artykuły użytku domowego

كورني توليدات

Środek czyszczący

د پاكولو محصولات

Sprzedawczyni

د پلور فرد

Kasa

د نغدي راجستر

Kasjer

صراف

Lista zakupów

د پيرود ليست

Godziny otwarcia

كاري ساعتونه

Portfel

بټوه

Karta kredytowa

كريډيت كارت

Torba

كڅوړه

Torebka plastikowa

پلاستيك كڅوړه

Woda

اوبه

Sok

جوس

Mleko

شیده

Cola

کوک

Wino

واین

Piwo

بیر

Alkohol

الکول

Kakao

ککاو

Herbata

چای

Kawa

کافي

Espresso

اسپرسو

Cappuccino

کپچینو

Banan

کیله

Jabłko

منه

Pomarańcza

نارنج

Arbuz

هندوانه

Cytryna

لیمو

Marchew

گازره

Czosnek

هوږه

Bambus

بانکس

Cebula

پیاز

Grzyb

مرخيري

Orzechy

چغزی

Makaron

آش

Spaghetti

سپیگتـي

Ryż

وریجي

Sałatka

سلاد

Frytki

چپس

Ziemniaki pieczone

سره کري کچالو

Pizza

پیزا

Hamburger

همبرگـر

Kanapka

ساندویچ

Sznycel

کتره

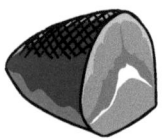

Szynka

د پتون غوښـه

Salami

سلمي

Kiełbasa

ساسج

Kura

چرگ

Pieczeń

روسټ

Ryba

کب

Płatki owsiane

د وربشي شيريني

Musli

موسلي

Płatki kukurydziane

د جوار پلی

Mąka

اوړه

Croissant

کروسانت

Bułka

د ډوډۍ رول

Chleb

ډوډۍ

Toast

ټوسټ

Ciastka

بسکيټ

Masło

کوچ

Twarożek

چکه

Ciasto

کيک

Jajko

هګۍ

Jajko sadzone

پښي هګۍ

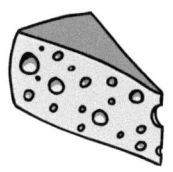

Ser

پنير

Lody

آیس کریم

Cukier

بوره

Miód

شهد

Marmolada

مربا

Krem nugatowy

نوگات کریم

Curry

کورکمان

Gospodarstwo chłopskie
کرونده

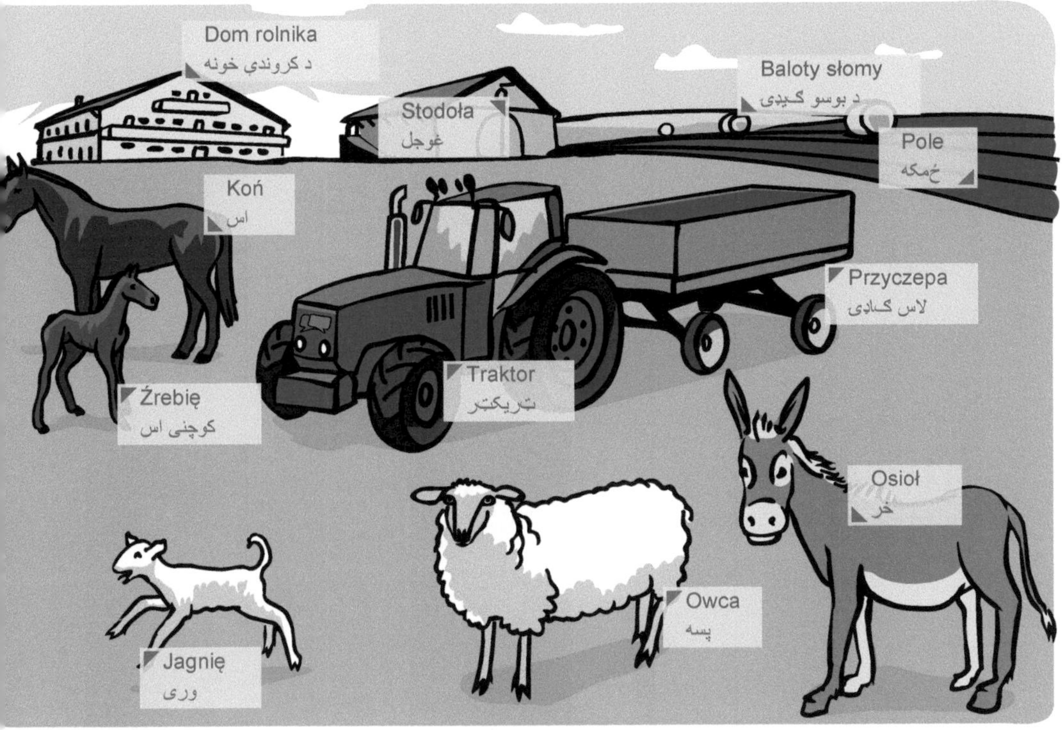

Dom rolnika
د کروندي خونه
Baloty słomy
د بوسو گیډی
Stodoła
غوجل
Pole
ځمکه
Koń
اس
Przyczepa
لاس گاډی
Traktor
ټریکټر
Źrebię
کوچنی اس
Osioł
خر
Owca
پسه
Jagnię
وری

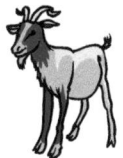

Koza
....
وزه

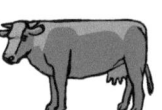

Krowa
....
غوا

Cielę
....
خوسکی

Świnia
....
خوگ

Prosię
....
د خوگ بچی

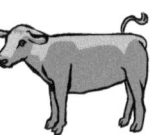

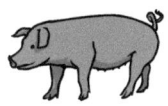

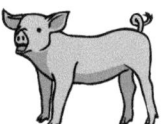

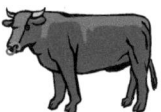

Byk
....
غویی

Gęś

بته

Kaczka

هيلی

Kurczątko

چرګوړی

Kura

چرکه

Kogut

بانګي

Szczur

سارای موږک

Kot

پیشک

Mysz

موږک

Osioł

غویی

Pies

سپی

Buda dla psa

د سپي خونه

Wąż ogrodowy

د باغ هوز

Konewka

د اوبو لوخی

Kosa

لور (داس)

Pług

یوی

Sierp

لور

Graca

رمبی

Widły

بښاخی

Siekiera

تبر

Taczka

کراچی

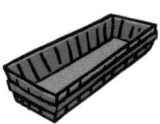

Koryto

ناوه

Kanka na mleko

د شیدو لوخی

Worek

جوال

Płot

کتاره

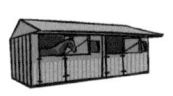

Stajnia

مضبوط

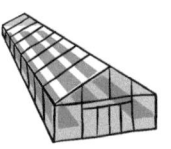

Szklarnia

ښنه خونه

Ziemia

خاوره

Nasiona

تخم

Nawóz

سره/کود

Kombajn zbożowy

گد ریبونکی ماشین

zbierać

زيرمه كول

Żniwa

درمند

Podchrzyn

خواږه كچالو

Pszenica

غنم

Soja

سويا

Ziemniak

كچالو

Kukurydza

جوار

Rzepak

نباتي تخم

Drzewo owocowe

د ميوي ونه

Maniok

مانيوك

Zboże

غله

Komin
درځه

Dach
بام

Rynna deszczowa
ناودان

Okno
کړکۍ

Garaż
ګراج

Dzwonek
د دروازي زنګ

Drzwi
دروازه

Wiaderko na śmieci
اشغالدائی

Skrzynka na listy
د لیک بکس

Ogród
باغ

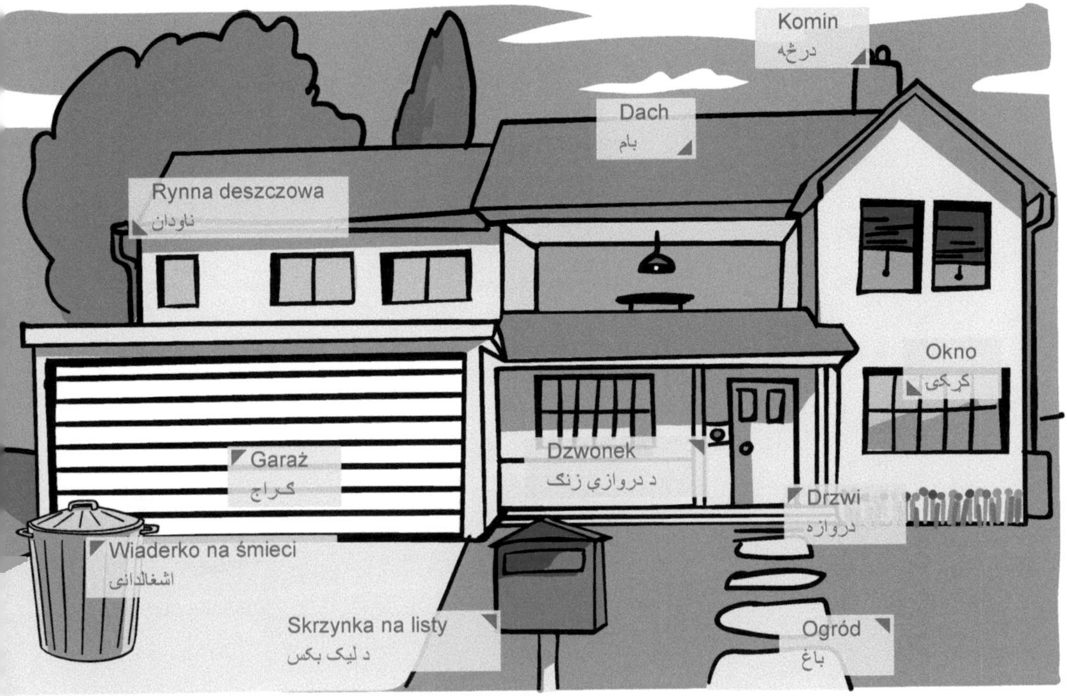

Pokój dzienny

د اوسیدو خونه

Łazienka

حمام

Kuchnia

پخلنځی

Sypialnia

د ویده کیدو خونه

Pokój dziecięcy

د ماشوم خونه

Jadalnia

د خوارو خونه

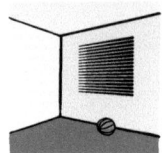

Ziemia

فرش

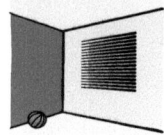

Ściana

دیوال

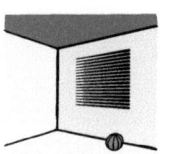

Koc

چت

Piwnica

زیرخانه

Sauna

سونا

Balkon

بالکونی

Taras

تراس

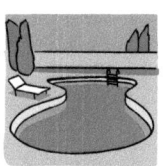

Basen

حوض

Kosiarka do trawy

د چمن وهلو ماشین

Poszwa

شیټ

Kołdra

روجایی

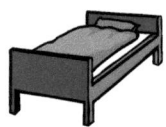

Łóżko

تخت

Miotła

جارو

Wiadro

بوکه

Włącznik

سویچ

Pokój dzienny

د اوسیدو خونه

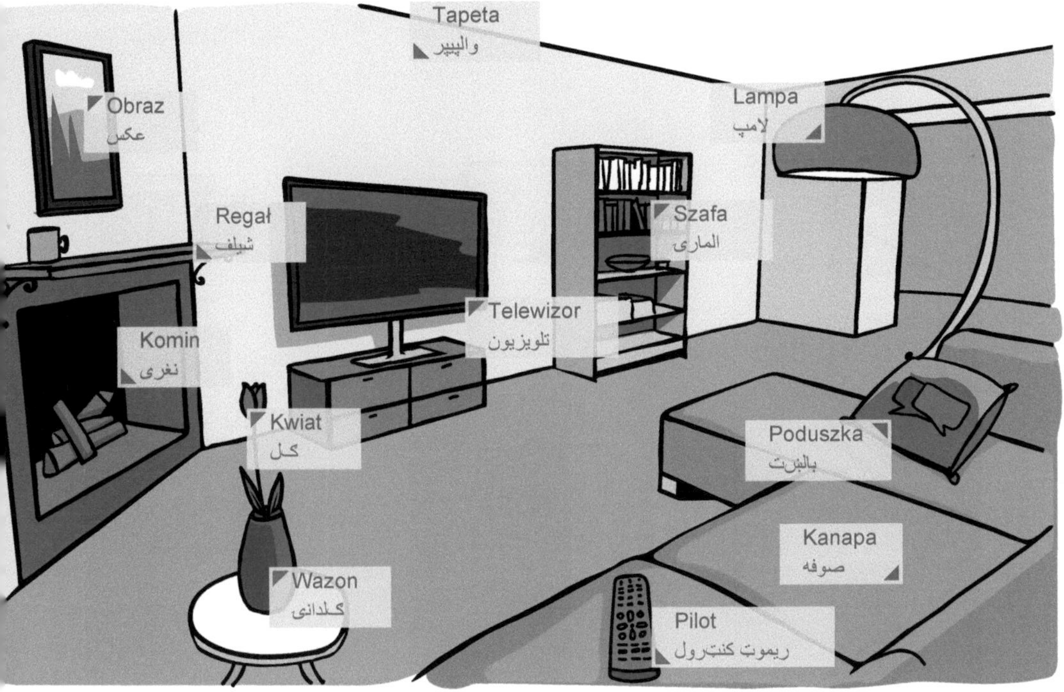

Tapeta
والپیپر
Obraz
عکس
Lampa
لامپ
Regał
شیلف
Szafa
الماری
Telewizor
تلویزیون
Komin
نغری
Kwiat
گل
Poduszka
بالښت
Kanapa
صوفه
Wazon
گلدانی
Pilot
ریموت کنټرول

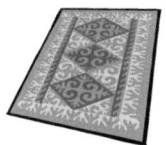

Dywan

غالی

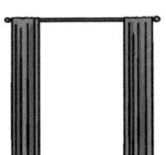

Zasłona

پرده

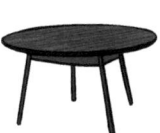

Stół

میز

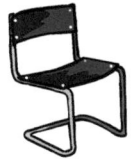

Krzesło

چوکۍ

Bujak

تاویدونکي چوکۍ

Fotel

بازو لرونکي چوکۍ

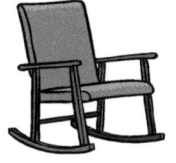

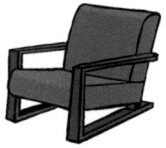

Książka

كتاب

Sufit

كمپل

Dekoracja

ديكوريشن

Drewno kominkowe

د اور لرکـي

Film

فلم

Instalacja stereo

هايفـاى

Klucz

كلي

Gazeta

ورځپانـه

Malunek

نقاشي

Plakat

پوسټـر

Radio

راډيو

Notatnik

كتابچـه

Odkurzacz

واكيوم جارو

Kaktus

كاكتوس

Świeczka

ثمع

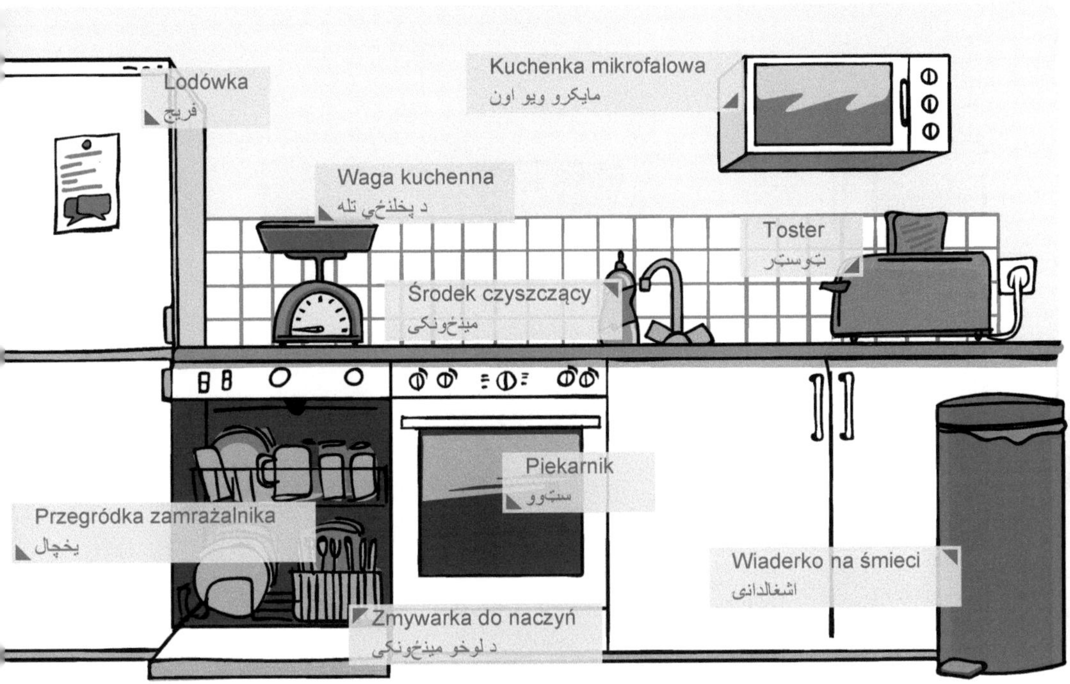

Lodówka
فریج

Kuchenka mikrofalowa
مایکرو ویو اون

Waga kuchenna
د پخلنځي تله

Środek czyszczący
مینځخونکی

Toster
توسټر

Przegródka zamrażalnika
یخچال

Piekarnik
سټرو

Wiaderko na śmieci
اشغالدانی

Zmywarka do naczyń
د لوخو مینځخونکی

Kuchenka

دیگ بخار

Garnek

لوخی

Kocioł żeliwny

چدني لوخی

Wok / Kadai

ووک

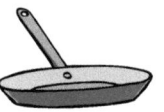

Patelnia

د تلی په

Czajnik

چای جوش

Parowar

د بخار دیگ

Blacha do pieczenia

پتنوس

Naczynia kuchenne

لوخي

Kubek

مگ

Miska

کاسه

Pałeczki

د رانيولو اوزار

Nabierka

 څمڅۍ

Łopatka do smażenia

کفګیر

Trzepaczka do śmietany

پاکونکی

Cedzak

صافي

Sitko

غلبیل

Tarka

ګریټر

Moździerz

اونګ

Grillowanie

بار بي کیو

Palenisko

خلاص اور

Deska

تخته

Wałek do ciasta

هوارونکی

Korkociąg

کارک سکريو

Puszka

ټيم

Otwieracz do puszek

د ټيم خلاصونکی

Ściereczka do trzymania garnka

د لوخي ټوتـه

Umywalka

ظرف شوی

Szczotka

برس

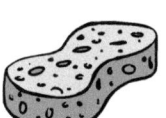

Gąbka

سپنج

Mikser

بلیندر

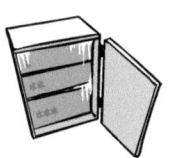

Zamrażarka

ژور يخچال

Butelka dla niemowlęcia

د ماشوم بوتل

Kran

نل

Łazienka

حمام

Ogrzewanie
تودول
Prysznic
شاور
Ręcznik
جان پاک
Kotara prysznicowa
د شاور پرده
Płyn do kąpieli
ببل حمام
Wanna kąpielowa
د حمام ټب
Szklanka
ګلاس
Pralka
د مینځلو مشین
Kran
نل
Kafelki
ټایلونه
Nocnik
یو ډول کمود
Umywalka
ظرف شوی

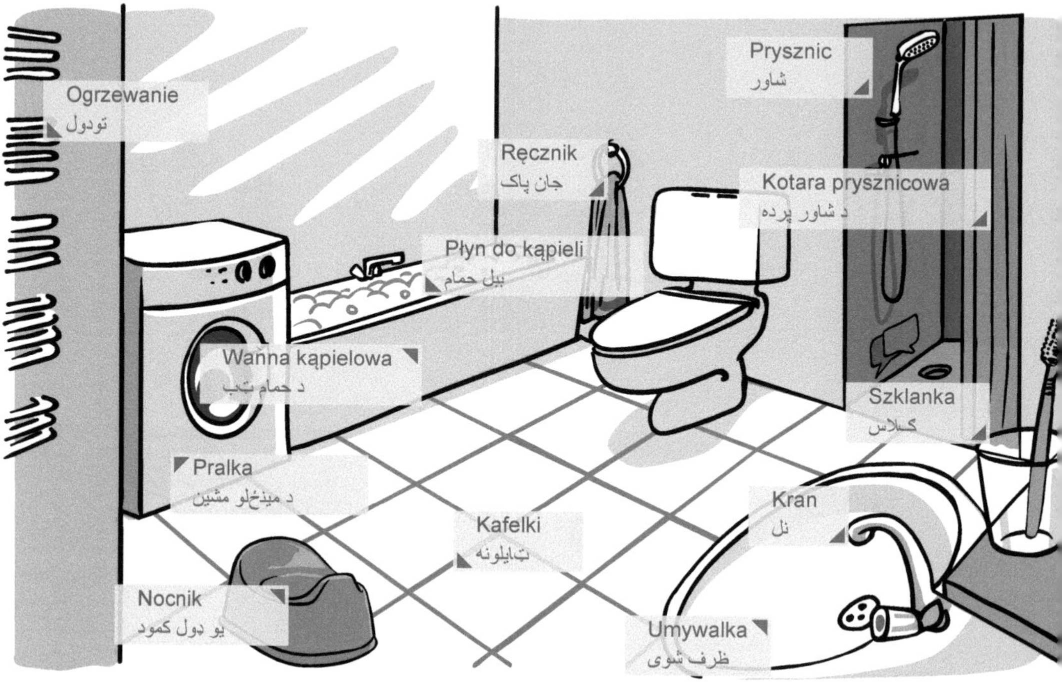

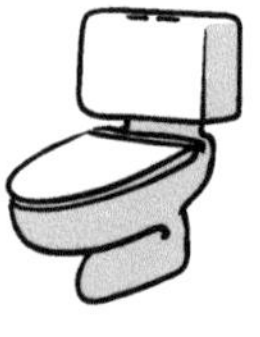

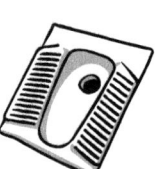

Toaleta

تشناب

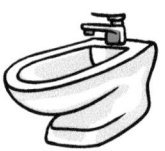

Toaleta kuczna

فرشي کمود

Bidet

کمود

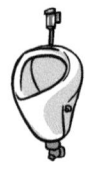

Pisuar

د متیازو ځای

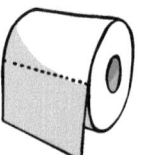

Papier toaletowy

تشناب کاغذ

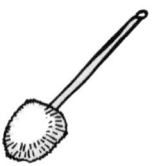

Szczotka toaletowa

د تشناب برس

Szczoteczka do zębów

د غاښونو برس

Pasta do zębów

د غاښونو کریم

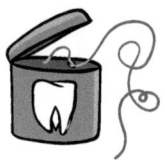

Nitki do czyszczenia zębów

د غاښونو نخ

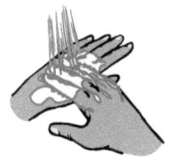

myć

مينځل

Głowica prysznicowa

لاسي شاور

Płyn kąpielowy do higieny intymnej

دوش

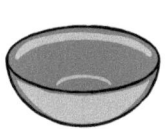

Miska do mycia

خانک

Szczotka kąpielowa

د شا برس

Mydło

صابون

Żel prysznicowy

د شاور ژل

Szampon

شامپو

Rękawica kąpielowa

فلانل جامه

Odpływ

وچول

Krem

کریم

Dezodorant

سپری

Lustro

آینه

Lustro kosmetyczne

لاسي آینه

Golarka

ریزر

Pianka do golenia

د خریلو فوم

Woda po goleniu

د خریلو وروسته

Grzebień

کمنځ

Szczotka

برس

Suszarka do włosów

د ویښتانو وچونکی

Spray do włosów

د ویښتانو سپری

Makijaż

میک اپ

Pomadka

لیپ ستیک

Lakier do paznokci

د نوکانو پالش

Wata

کاټن وری

Nożyczki do paznokci

ناخن گیر

Perfum

عطر

Kosmetyczka

د مينځلو كڅوړه

Taboret

سټول

Waga

د وزن كولو تله

Szlafrok kąpielowy

د حمام پوښاک

Rękawice gumowe

د ربړ دستکش

Tampon

تنامپون

Podpaska damska

صحیی جان پاک

Toaleta chemiczna

کیمیکل تشناب

Pokój dziecięcy

د ماشوم خونه

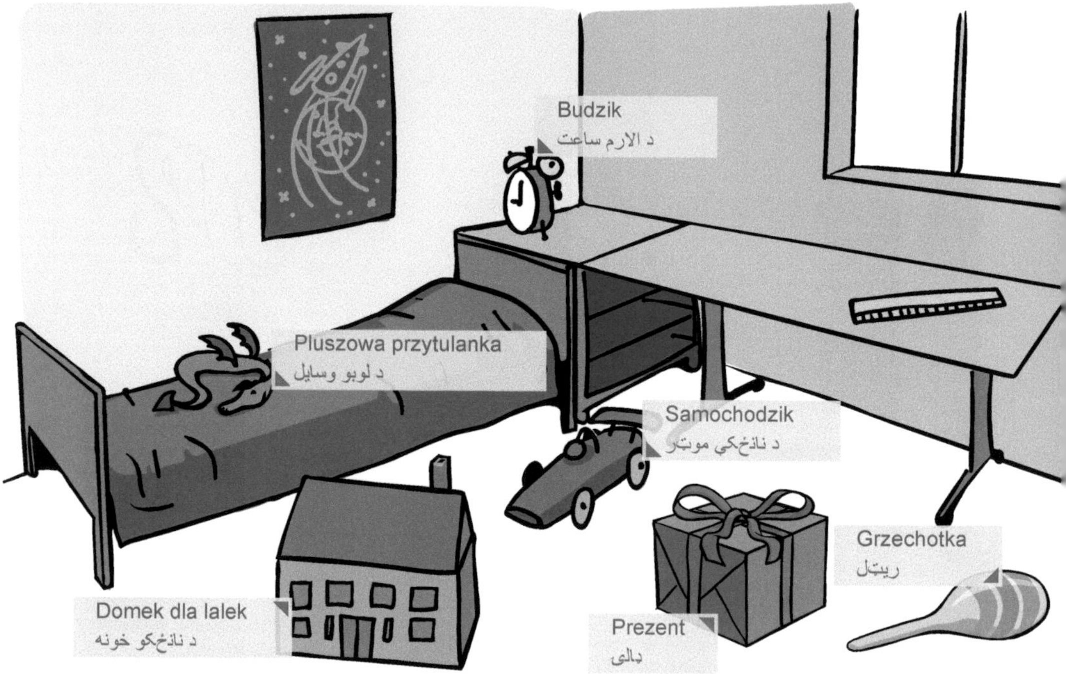

Budzik
د الارم ساعت
Pluszowa przytulanka
د لوبو وسایل
Samochodzik
د ناڅکي موټر
Grzechotka
ريټل
Prezent
ډالۍ
Domek dla lalek
د ناڅکو خونه

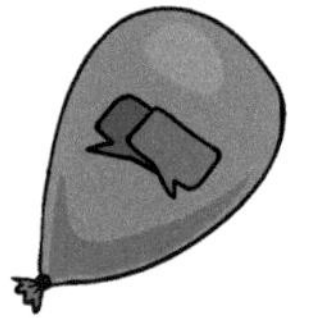

Balon

بالون

Łóżko

تخت

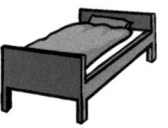

Wózek dziecięcy

کالسکه

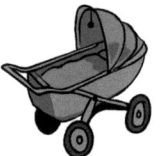

Gra w karty

د لوبو ورقې

Puzzle

جیکسا

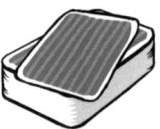

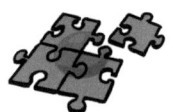

Komiks

مسخره

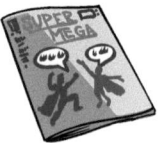

Klocki lego

ليګو بريک

Klocki

د نانځکو بلاک

Action figura

د اکشن فيګور

Śpioszek dziecięcy

د ماشوم پوښاک

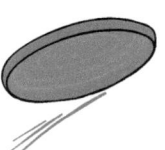

Frisbee

فريزبي

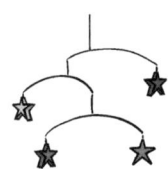

Zabawki ruchome

موبايل

Gra planszowa

بورډ لوبه

Kości

تاس

Kolejka elektryczna

ماډل ريل سيټ

Smoczek

ګونګشی

Przyjęcie

پارتي

Książka z ilustracjami

د عکسونو البوم

Piłka

بال

Lalka

نانځکه

bawić się

لوبيدل

Piaskownica

د شکو کنده

Huśtawka

سوینگ

Zabawki

نازخکی

Konsola do gier

د ویدیو لوبو کنسول

Rowerek trójkołowy

ترای سایکل

Pluszowy miś

کونبکه

Szafa ubraniowa

د کالو الماری

Ubiór

پوښاک

Skarpety

جرابي

Pończochy

لوري جرابي

Rajstopy

تاینتس

Szal
زروکی

Parasol
چتری

T-Shirt
ټي شرت

Pasek
کمربند

Obuwie sportowe
سنیکر

Kozaki
بوټان

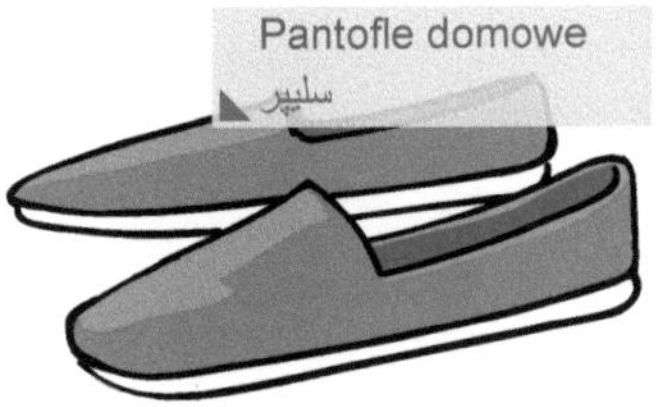

Pantofle domowe
سلیپر

Sandały
....
سیندل

Buty
....
بوټان

Kalosze
....
د ربر بوټان

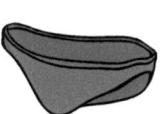
Majtki
....
زیرنیکري

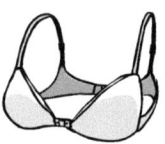
Biustonosz
....
سینه بند

Podkoszulek
....
واسکټ

Body

بادي

Spodnie

پتلون

Dżins

جينز

Spódnica

لمن

Bluzka

بلاوز

Koszula

شرت

Pulower

بنيان

Bluza sportowa

سويتر

Marynarka

بليزر

Kurtka

جاكت

Płaszcz

كوت

Płaszcz przeciwdeszczowy

د باران كوت

Kostium

پوښاک

Sukienka

كالي

Suknia ślubna

د واده پوښاک

Garnitur męski

دريشي

Koszula nocna

د شپې پوښاک

Piżama

پاجامه

Sari

ساري

Chusta na głowę

لوپته

Turban

پتکی

Burka

برقه

Kaftan

كفتن

Abaya

عبا

Strój kąpielowy

د لامبو پوښاک

Kąpielówki

نيکر

Krótkie spodnie

شارت

Dres sportowy

د خُغاستي پوښاک

Fartuch

پیش بند

Rękawiczki

دستکش

Guzik

بټن

Okulary

عينک

Bransoletka

لاس بند

Łańcuszek

غاړه کی

Pierścionek

ګوتمه

Kolczyk

غوږوالۍ

Czapka

خولۍ

Wieszak

کوټ بند

Kapelusz

خولۍ

Krawat

نتايي

Zamek błyskawiczny

خنځير

Kask

هيلميټ

Szelki

ترونګي

Mundurek szkolny

د ښوونځي يونيفارم

Mundur

يونيفارم

Śliniaczek

بيب

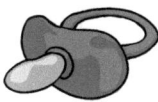

Smoczek

گونگشی

Pieluszka

نيپي

Biuro

دفتر

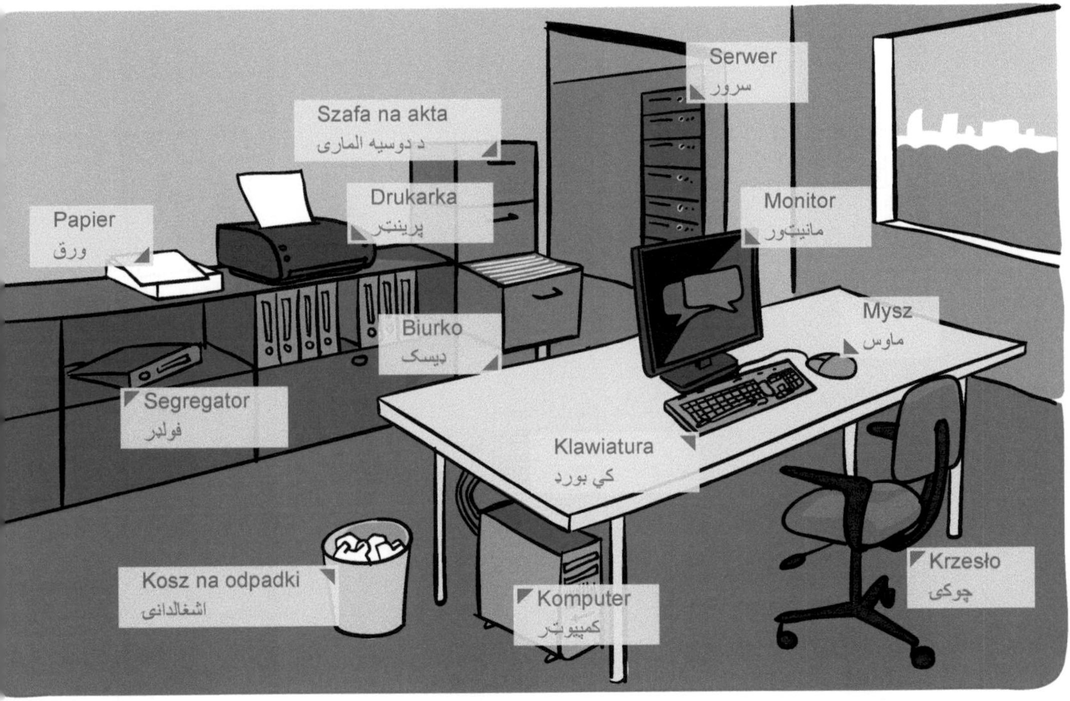

Serwer
سرور

Szafa na akta
د دوسيه الماری

Drukarka
پرينتر

Papier
ورق

Monitor
مانيټور

Mysz
ماوس

Biurko
ډيسک

Segregator
فولډر

Klawiatura
كي بورډ

Krzesło
چوکی

Kosz na odpadki
اشغالدانی

Komputer
كمپيوټر

Filiżanka do kawy

د كافي پياله

Kalkulator

كالكوليټر

Internet

انټرنيټ

Laptop

لپ ٹاپ

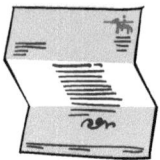

List

لیک

Wiadomość

پیغام

Komórka

موبایل

Sieć

نیٹورک

Kopiarka

فوٹوکاپیر

Oprogramowanie

سافٹویر

Telefon

ٹلیفون

Gniazdko

پلگ ساکٹ

Faks

فکس مشین

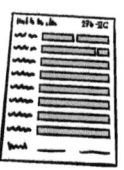

Formularz

فارم

Dokument

سند

kupić

پېرل

płacić

تادیه کول

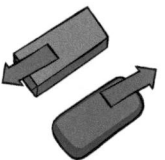

postępować

سوداګري کول

Pieniądze

پیسي

Dolar

ډالر

Euro

یورو

Jen

ین

Rubel

ربل

Frank

سويسي فرانک

Juan Renminbi

رینمینبي یوان

Rupia

روپۍ

Bankomat

د نغدي پیسو خای

Kantor wymiany walut

د اسعارو د تبادلي دفتر

Złoto

سره زر

Srebro

سپین زر

Olej

تیل

Energia

انرژي

Cena

نرخ

Umowa

قرارداد

Podatek

مالیه

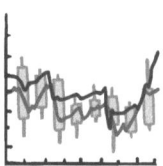

Akcja

اسهام

pracować

کار کول

Pracownik umysłowy

کارمند

Pracodawca

کار گوومارونکی

Fabryka

فابریکه

Sklep

پلورنځی

Policjant
د پوليسو افسر

Strażak
د اطفايه غړی

Pilot
پيلوټ

Lekarz
ډاکټر

Kucharz
آشپز

Ogrodnik
باغوان

Stolarz
نجار

Krawcowa
خياط

Sędzia
قاضي

Chemik
کيميا پوه

Aktor
د فلم لوبغاری

Kierowca autobusu

د بس ډرایور

Taksówkarz

د ټیکسي ډرایور

Fischer

کب نیونکی

Sprzątaczka

خدمه

Dekarz

بام جوړونکی

Kelner

پیشخدمت

Myśliwy

ښکاري

Malarz

نقاش

Piekarz

نانوا

Elektryk

د بریښنا کارکونکی

Robotnik budowlany

تعمیر جوړونکی

Inżynier

انجنیر

Rzeźnik

قصاب

Instalator

نلدوان

Listonosz

پوسټ رسونکی

Żołnierz

سرتیری

Architekt

مهندس

Kasjer

صراف

Florysta

مالیار

Fryzjer

نایی

Konduktor

کلیندر

Mechanik

میکانیک

Kapitan

کپتان

Dentysta

د غابرونو ډاکتر

Naukowiec

ساینس پوه

Rabin

بشاغلی

Imam

امام

Mnich

مذهبي نفر

Proboszcz

پادري

Narzędzia
لوازم

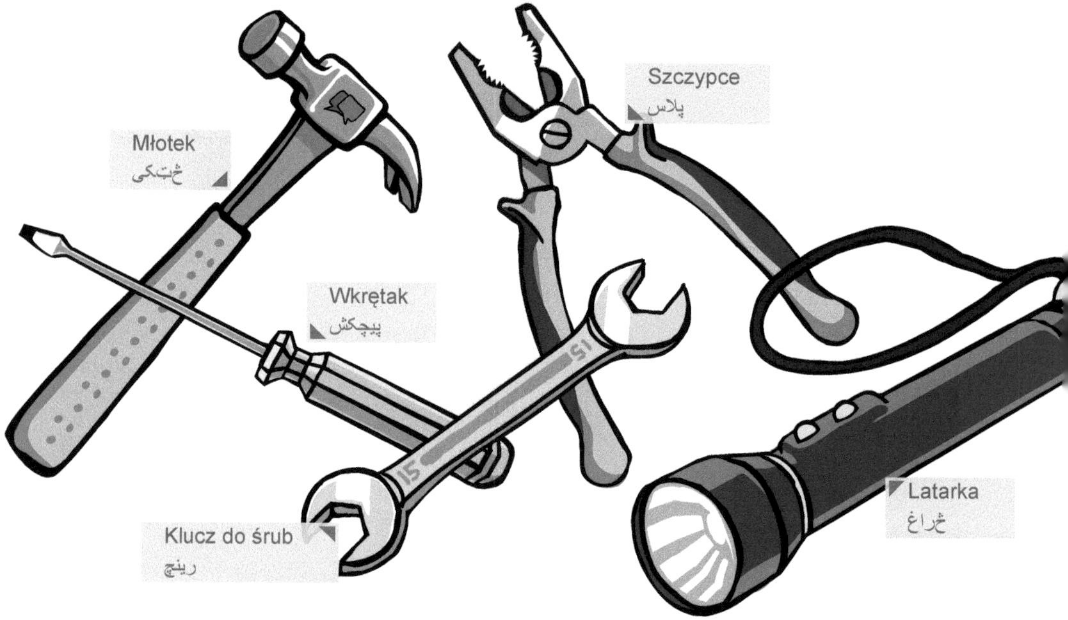
Młotek
څټکی
Szczypce
پلاس
Wkrętak
پیچکش
Klucz do śrub
رینچ
Latarka
څراغ

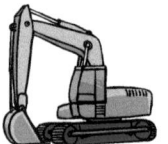

Koparka

کنستونکی

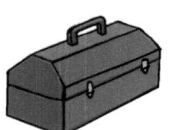

Skrzynka narzędziowa

د لوازمو بکس

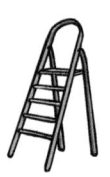

Drabina

زینه

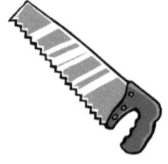

Piła

اره

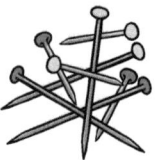

Gwoździe

میخونه

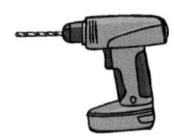

Wiertło

برمه

naprawić

ترمیم کول

Łopatka

بیل

Cholera!

لعنت!

Szufelka

خاک انداز

Puszka z farbą

مشوانۍ

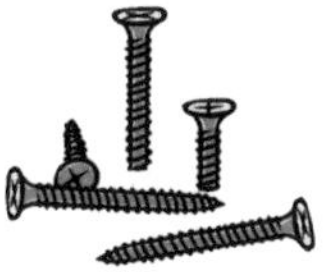

Śruby

پیچونه

Instrumenty muzyczne
د میوزیک آلات

Głośnik
لاوډ سپیکر

Perkusja
ډرم سیټ

Kontrabas
کنټرباس

Trąbka
تْرومپیټ

Gitara
گیتار

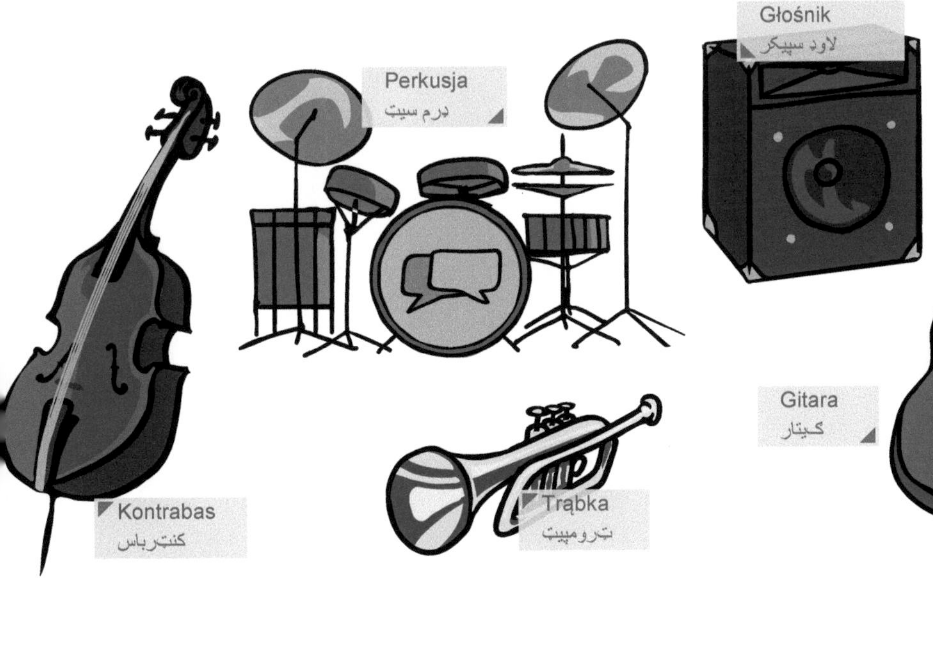

Pianino

پيانو

Skrzypce

وايلن

Bas

باس

Kotły

نغاره

Bęben

درمونه

Keyboard

کي بورد

Saksofon

سيکسافون

Flet

شپيلی

Mikrofon

مايکروفون

Wejście
ننوتو لاره

Tygrys
پړانگ

Klatka
پنجره

Zebra
ګوره خر

Pasza
د ژویو خواړه

Panda
پانډا

Zwierzęta

ژوی

Słoń

هاتي

Kangur

کنګرو

Nosorożec

د اوبو اسپ

Goryl

ګوریلا

Niedźwiedź

ايزه

Wielbłąd

اوښ

Struś

شترمرغ

Lew

زمری

Małpa

بيزو

Fleming

غزی

Papuga

طوطي

Niedźwiedź polarny

قطبي ايره

Pingwin

پينگوين

Rekin

شارک

Paw

طاوس

Wąż

مار

Krokodyl

تمساح

Dozorca w zoo

ژوبڼ ساتونکی

Foka

سيل

Jaguar

جګوار

Kucyk

یابو

Gepard

پرانگ

Hipopotam

هيپو

Żyrafa

زرافه

Orzeł

باز

Dzik

نرخوک

Ryba

کب

Żółw

ششتی

Mors

سمندري نولی

Lis

گیدړه

Gazela

هوسی

Futbol amerykański
امریکایی فټبال

Kolarstwo
سایکل چلول

Tenis
تنیس

Koszykówka
باسکیتبال

Pływanie
لامبو

Boks
باکسینګ

Hokej na lodzie
د کنګل هاکي

Piłka nożna
....
فټبال

Badminton
....
کسیزه

Lekka atletyka
....
د ځغاستي لوبی

Piłka ręczna
....
د هندبال

Narciarstwo
....
سکي

Polo
....
پولو

śmiać się
خندل

skakać
ټوپ وهل

objąć
غاړه ورکول

iść
کرخیدل

śpiewać
سندري ویل

marzyć
خوب لیدل

modlić się
عبادت کول

całować
مچو کول

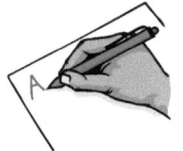

pisać
لیکل

rysować
کښل

pokazywać
ښوودل

nacisnąć
ټپله کول

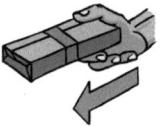

dać
ورکول

wziąć
اخیستل

mieć

درلودل

robić

کول

być

پاییدل

stać

ودریدل

biegać

منډی وهل

ciągnąć

راکښل

rzucać

ګوزارل

spaść

لویدل

leżeć

څملاستل

czekać

انتظار کول

nosić

ورل

siedzieć

کښېناستل

zakładać

پوښ‌باک اغوستل

spać

ویده کېدل

budzić się

پاڅېدل

spojrzeć

كتل

płakać

ژړل

głaskać

بريد كول

czesać się

كمنځ كول

mówić

خبري كول

rozumieć

پوهيدل

pytać

غوښتل

słyszeć

اوريدل

pić

څښل

jeść

خورل

sprzątać

پاكول

kochać

مينه كول

gotować

پخلى كول

jechać

موټر چلول

latać

الوتل

żeglować

بیری چلول

liczyć

حساب

czytać

لوستل

uczyć się

زده کول

pracować

کار کول

wejść w związek małżeński

واده کول

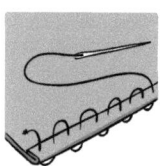

szyć

ګنډل

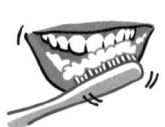

myć zęby

د غاښونو برس کول

zabić

وژل

palić tytoń

سګرټ څښل

wysłać

لیږل

Rodzina
کورنۍ

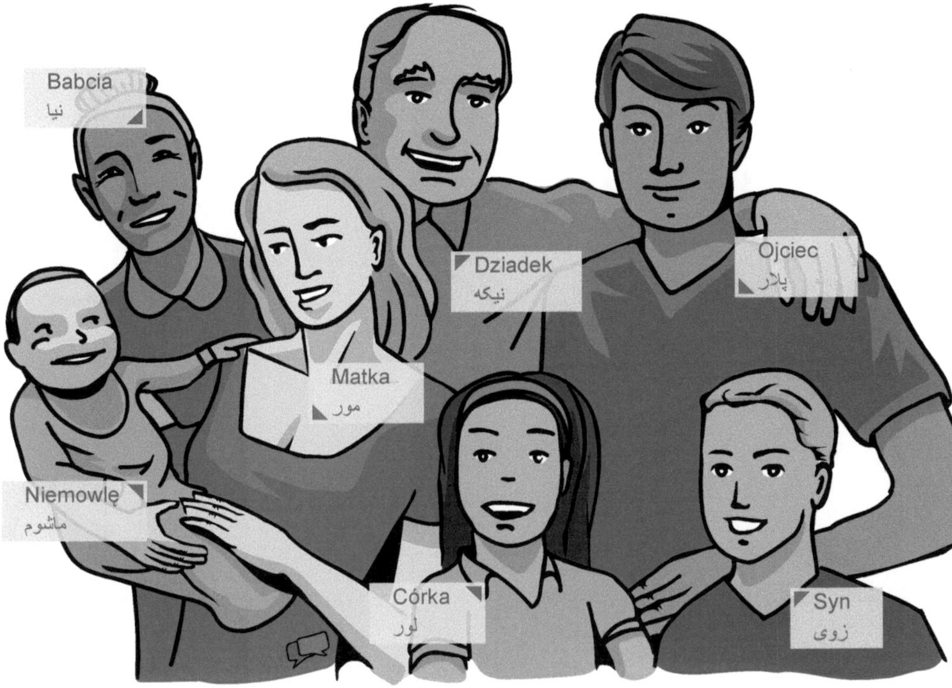
Babcia
نیا
Dziadek
نیکه
Ojciec
پلار
Matka
مور
Niemowlę
ماشوم
Córka
لور
Syn
زوی

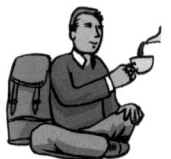

Gość

میلمه

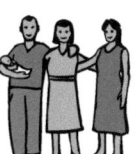

Ciotka

ترور

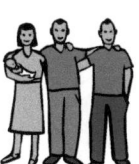

Wujek

کاکا/ماما

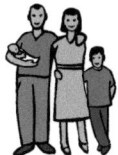

Brat

ورور

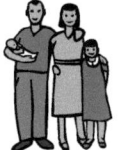

Siostra

خور

Ciało

بدن

Czoło
تندی
Oko
سترګې
Ramię
اوږه
Palec
ګوته
Twarz
مخ
Broda
زنه
Ręka
لاس
Pierś
سينه
Noga
پښه
Ramię
مټ

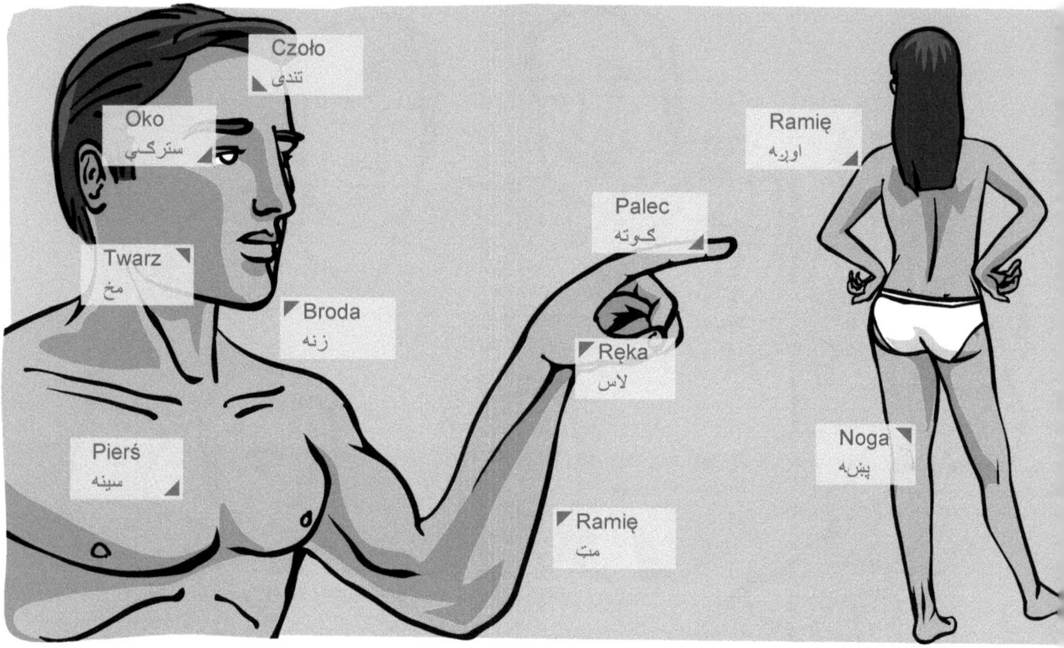

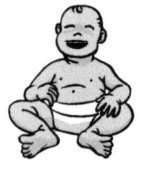

Niemowlę

ماشوم

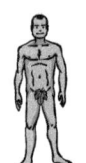

Mężczyzna

سړی

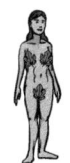

Kobieta

ښځه

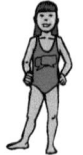

Dziewczyna

انجلۍ

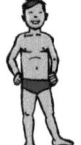

Chłopiec

هلک

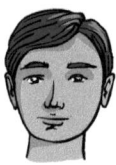

Głowa

سر

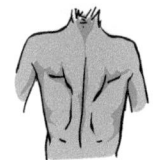

Plecy

شا

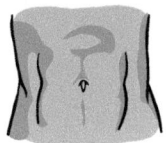

Brzuch

خیټه

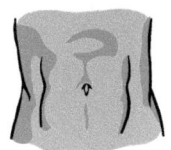

Pępek

نوم

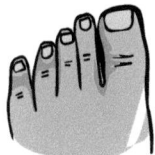

palec nogi

د پښي کوته

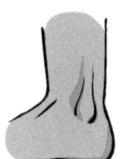

Pięta

پونده

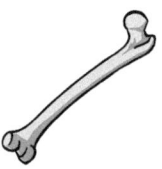

Kość

هډوکی

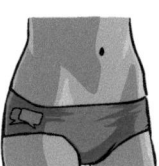

Biodro

کوناټی

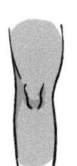

Kolano

زنګون

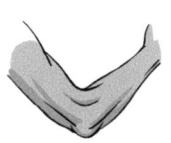

Łokieć

څنګل

Nos

پوزه

Pośladki

لاندي برخه

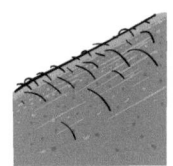

Skóra

پوټکی

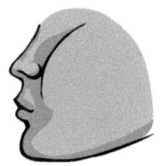

Policzek

غومبوری

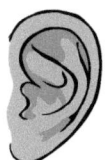

Uszy

غوږ

Warga

شونډه

Usta

خوله

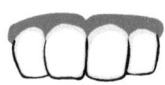

Ząb

غاښ

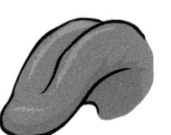

Język

ژبه

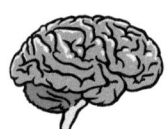

Mózg

مغز

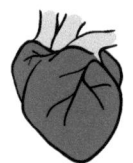

Serce

زړه

Mięsień

عضله

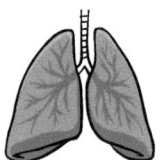

Płuca

سږی

Wątroba

ځيګر

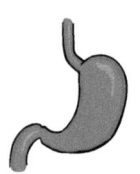

Żołądek

معده

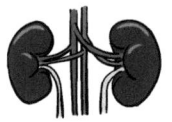

Nerki

پښتورګي

Stosunek płciowy

جنسي نږدي والی

Kondom

کاندوم

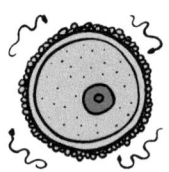

Komórka jajowa

تخمه

Sperma

مني

Ciąża

حمل

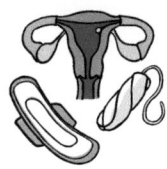

Menstruacja

حيض

Wagina

مهبل

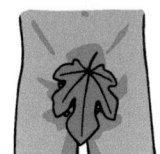

Penis

د نارينه تناسلي آله

Brew

وروځى

Włosy

ويښته

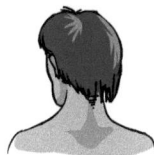

Szyja

غاړه

Szpital
روغتون

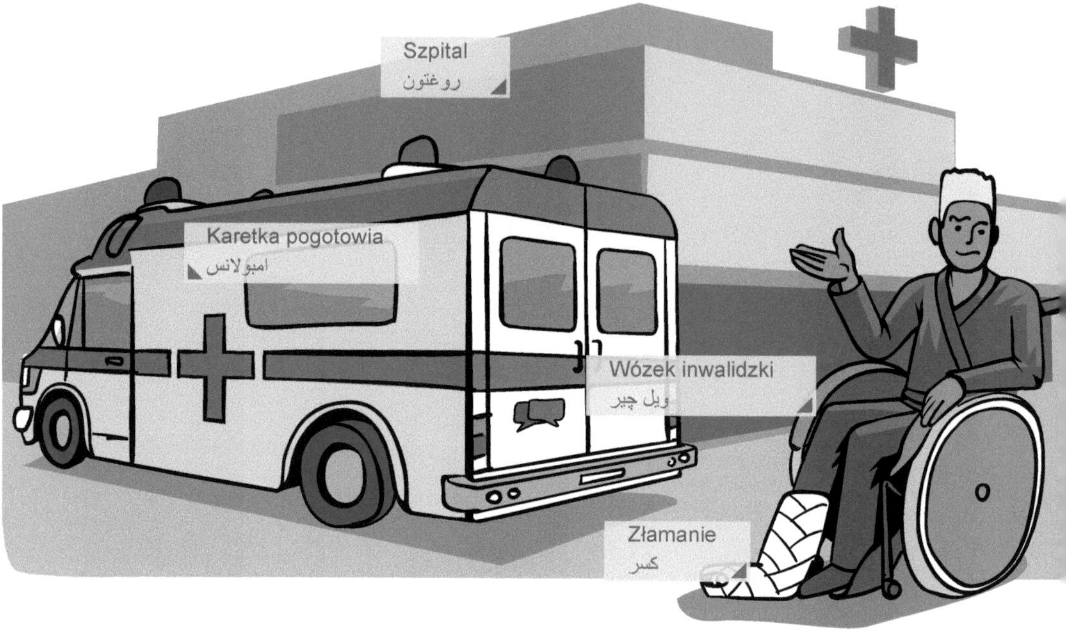

Szpital
روغتون
Karetka pogotowia
امبولانس
Wózek inwalidzki
ویل چیر
Złamanie
کسر

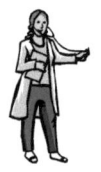

Lekarz
ډاکټر

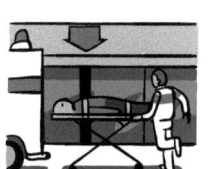

Izba przyjęć
عاجل خونه

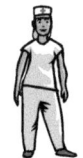

Pielęgniarka
رنځورپال

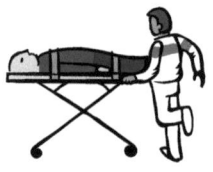

Nagły przypadek
عاجل

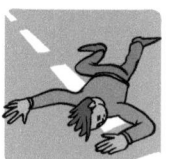

nieprzytomny
بې هوش

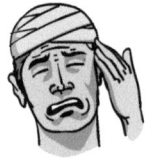

Ból
درد

Skaleczenie

پټ

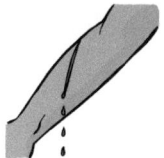

Krwawienie

وینه تویدل

Zawał serca

د زړه حمله

Udar mózgu

ضرب

Alergia

حساسیت

Kaszleć

ټوخی

Gorączka

تبه

Grypa

انفلوینزا

Biegunka

نس ناستی

Ból głowy

سر درد

Rak

سرطان

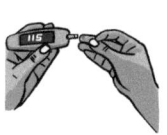

Cukrzyca

شکر

Chirurg

جراح

Skalpel

سکالپل

Operacja

عملیات

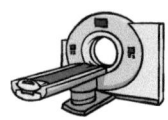

CT

سي.تي

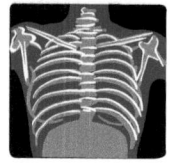

Rentgen

ایکس ری

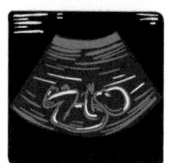

Ultradźwięki

التراساوند

Maska

د مخ ماسک

Choroba

ناروغي

Poczekalnia

انتظار خونه

Kula

امساً

Plaster

پلستر

Opatrunek

بنداژ

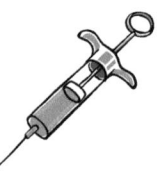

Iniekcja

تزریق

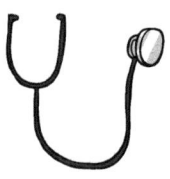

Stetoskop

ستاتسکوپ

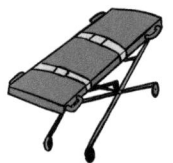

Nosze

تسکیره

Termometr

کلینکي ترماميتر

Poród

زيږون

Nadwaga

زيات وزن

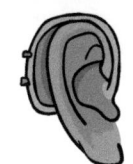

Aparat słuchowy

د اوريدو مرسته

Środek dezynfekcyjny

د عفونيت څخه پاکونکي مواد

Infekcja

عفونيت

Wirus

ويروس

HIV / AIDS

ايچ.أي.وي/ايدز

Medycyna

درمل

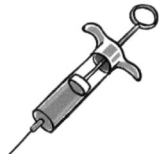

Szczepienie

واکسين

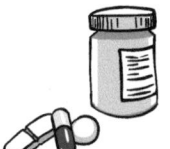

Tabletki

ټابليټس

Pigułka

ګولۍ

Telefon ratunkowy

عاجل تليفون

Ciśnieniomierz krwi

د ويني د فشار څارونکی

chory / zdrowy

ناروغ/روغ

Pomocy!

مرسته!

Alarm

الارم

Napad

يرغل

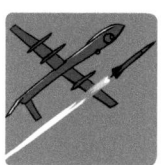

Atak

بريد

Niebezpieczeństwo

خطر

Wyjście awaryjne

عاجل لاره

Pożar!

اور!

Gaśnica

د اور وژونکی

Wypadek

پيښ،ه

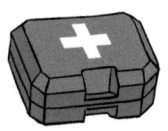

Walizeczka pierwszej pomocy

د لومړی مرستنی لوازم

SOS

ايس.او.ايس

Policja

پوليس

Europa

اروپا

Ameryka Północna

شمالي امریکا

Ameryka Południowa

سهیلي امریکا

Afryka

افریقا

Azja

آسیا

Australia

آسترېلیا

Atlantyk

اتلانتیک

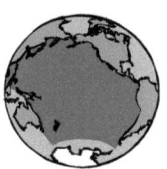

Pacyfik

پاسیفیک

Ocean Indyjski

د هند بحر

Ocean Antarktyczny

جنوبي منجمد بحر

Ocean Arktyczny

د شمال قطب بحر

Biegun północny

شمالي قطب

Biegun południowy

سهيلي قطب

Antarktyda

انتاركتيكا

Ziemia

خمكه

Kraj

خمکه

Morze

بحر

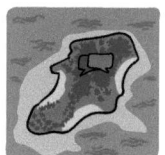

Wyspa

تباپو

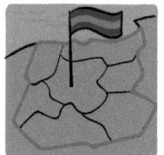

Naród

ملت

Państwo

دولت

Cyferblat

د مخي ساعت

Wskazówka godzinowa

د ساعت ستنه

Wskazówka minutowa

د دقیقي ستنه

Wskazówka sekundowa

د ثانیی ستنه

Która godzina?

څه وخت دی؟

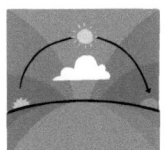

Dzień

ورځ

Czas

وخت

teraz

اوس

Zegarek digitalny

ديجيتل ساعت

Minuta

دقیقه

Godzina

ساعت

Poniedziałek
دوشنبه

MO

Środa
چهارشنبه

W

Piątek
جمعه

FR

TU

Wtorek
سه شنبه

TH

Sobota
شنبه

SA

Czwartek
پنجشنبه

SO

Niedziela
یکشنبه

wczoraj

پرون

dzisiaj

نن

jutro

سبا

Rano

سهار

Południe

غرمه

Wieczór

ماښام

Dni robocze

کاري ورځي

Weekend

د اونۍ پای

Rok

کال

Tęcza
رنګين کمان
Deszcz
باران
Śnieg
واوره
Wiatr
باد
Wiosna
پسرلی
Jesień
منی
Lato
اوړی
Zima
ژمی

4.APRIL 11°
5.APRIL 4°
6.APRIL 13°
7.APRIL 8°
8.APRIL 10°

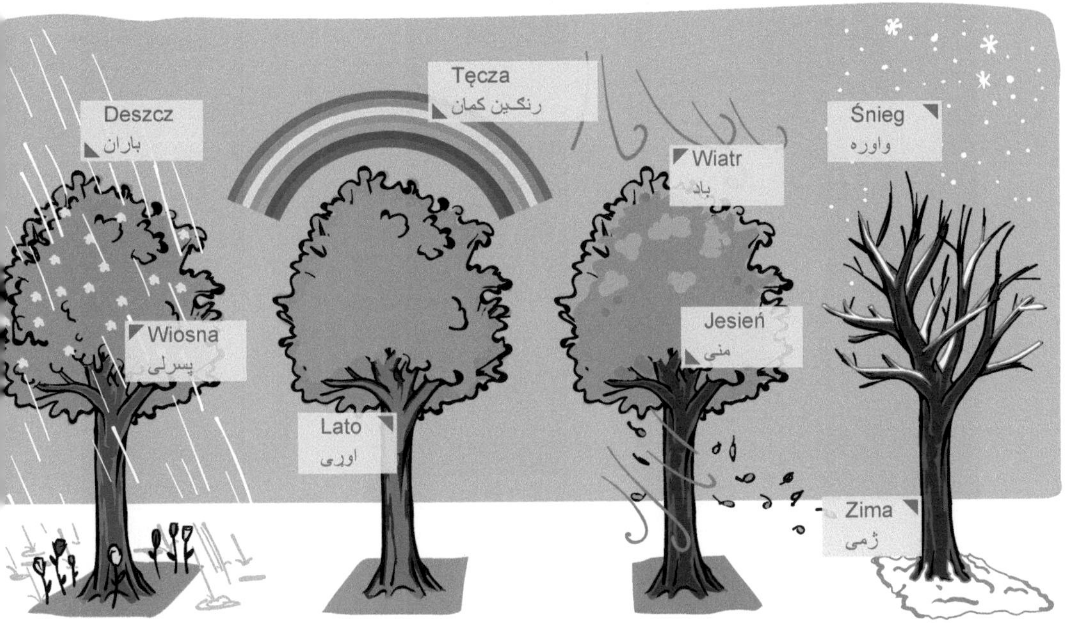

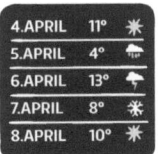

Prognoza pogody

د موسم وړاندوينه

F C
120 90 60 30 0 -30
40 30 20 10 0 -10 -20

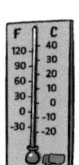

Termometr

ترموميټر

Światło słoneczne

د لمر وړانګې

Chmura

وريځ

Mgła

لړه

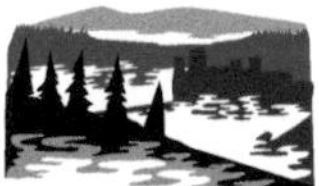

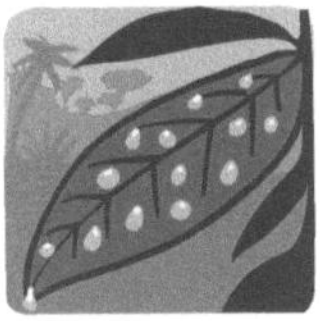

Wilgotność powietrza

رطوبت

Błyskawica

رعنا

Grzmot

تندر

Sztorm

توفان

Grad

ڑلی وریدل

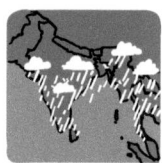

Monsun

مون سون باران

Potop

سیلاب

Lód

یخ

Styczeń

جنوري

Luty

فبروري

Marzec

مارچ

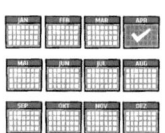

Kwiecień

اپرہل

Maj

می

Czerwiec

جون

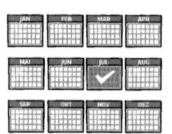

Lipiec

جولای

Sierpień

اگست

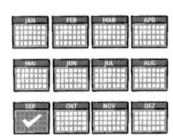

Wrzesień
....
سپتمبر

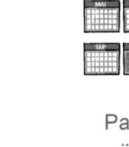

Październik
....
اکتوبر

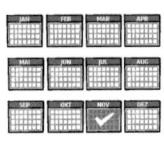

Listopad
....
نومبر

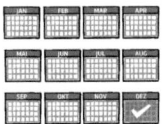

Grudzień
....
دسمبر

Kształty
شکلونه

Koło
....
دايره

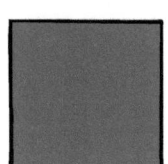

Kwadrat
....
مربع

Prostokąt
....
مستطيل

Trójkąt
....
مثلث

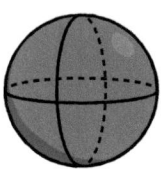

Kula
....
توپ

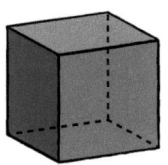

Sześcian
....
فال

biały

سپين

żółty

ژير

pomarańczowy

نارنجي

różowy

ګلابي

czerwony

سور

liliowy

ارغواني

niebieski

نيلي

zielony

شين

brązowy

نسواري

szary

خر

czarny

تور

dużo / mało

خورا ډیر/خورا لږ

wściekły / spokojny

قار/ارام

piękny / brzydki

ښکلی/بدشکله

początek / koniec

پیلا/پای

duży / mały

لوی/کوچنی

jasny / ciemny

روښانه/تیاره

brat / siostra

ورور/خور

czysty / brudny

پاک/ککر

kompletny / niekompletny

مکمل/نامکمل

dzień / noc

ورځ/شپه

umarły / żywy

مړ/ژوندی

szeroki / wąski

پراخه/انزی

jadalny / niejadalny

....

د خوراک ور/نه خورل كيدونكى

zły / uprzejmy

....

بد/مهربان

podniecony / znudzony

....

پاريدلي/بى خونده

gruby / chudy

....

چاق/وچ

najpierw / na końcu

....

لومړى/وروستى

przyjaciel / wróg

....

ملګرى/دښمن

pełen / pusty

....

ډک/تش

twardy / miękki

....

سخت/نرم

ciężki / lekki

....

دروند/سپک

głód / pragnienie

....

لوږه/تنده

chory / zdrowy

....

ناروغ/روغ

nielegalny / legalny

....

غيرقانوني/قانوني

inteligentny / głupi

....

هوښيار/ساده

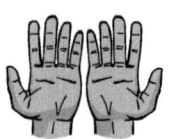

lewo / prawo

....

کيڼ/ښى

bliski / daleki

....

نزدې/لرى

nowy / używany

نوی/زور

nic / coś

هیڅ/یوڅه

stary / młody

بډا/ځوان

włącz / wyłącz

چالان/بند

otwarty / zamknięty

خلاص/ترلی

cichy / głośny

غلی/لوړ غږ

bogaty / biedny

بډای/غریب

prawidłowy / błędny

صحیح/غلط

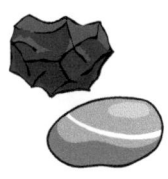

chropowaty / gładki

زبر/ملایم

smutny / szczęśliwy

خفه/خوښ

krótki / długi

لنډ/اوږد

powolny / szybki

سست/ګړندی

mokry/suchy

لوند/وچ

ciepły / chłodny

ګرم/یخ

wojna / pokój

جګړه/سوله

0

zero

صفر

1

jeden

یو

2

dwa

دوه

3

trzy

دری

4

cztery

څلور

5

pięć

پنځه

6

sześć

شپږ

7

siedem

اوه

8

osiem

اته

9

dziewięć

نهه

10

dziesięć

لس

11

jedenaście

یولس

12

dwanaście

دولس

13

trzynaście

ديارلس

14

czternaście

څوارلس

15

piętnaście

پنځلس

16

szesnaście

شپارس

17

siedemnaście

وولس

18

osiemnaście

اتلس

19

dziewiętnaście

نولس

20

dwadzieścia

شل

100

sto

سل

1.000

tysiąc

زر

1.000.000

milion

ميليون

ژبی

Angielski

انگلسي

Angielski amerykański

امريكايى انگلسي

Chiński mandaryński

چينايى مندرين

Hindi

هندي

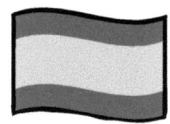

Hiszpański

هسپانوي

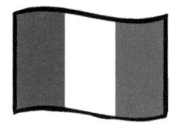

Francuski

فرانسوي

Arabski

عربي

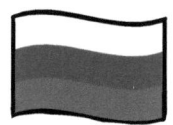

Rosyjski

روسي

Portugalski

پرتكالي

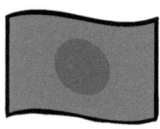

Bengalski

بنكالي

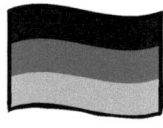

Niemiecki

آلماني

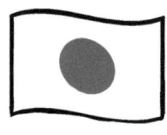

Japoński

جاپاني

ja

زه

ty

ته

on / ona / ono

هغه/دغه/دا

my

موږ

wy

تاسي

oni

دوی/هغوی

kto?

څوک؟

co?

څه؟

jak?

څنګه؟

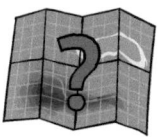

gdzie?

چیری؟

kiedy?

کله؟

Nazwisko

نوم

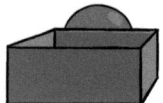

za

شاته

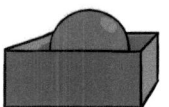

w

په

przed

په مخه کی

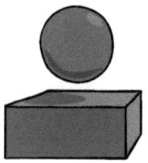

powyżej

باندي

na

په

pod

لاندي

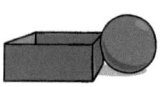

obok

برسیره پر

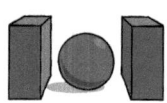

między

ترمینځ

Miejsce

ځای